Inhalt

Luftfracht - Im Aufwärtstrend

Kernthesen

Beitrag

Fallbeispiele

Weiterführende Literatur

Impressum

Luftfracht - Im Aufwärtstrend

I.Zeilhofer-Ficker

Kernthesen

- Das Luftfrachtaufkommen verzeichnete in den vergangenen Jahren zweistellige Zuwachsraten.
- Vor allem Frankfurt, Köln/Bonn und München profitieren von der steigenden Nachfrage.
- Kerosinpreise in Rekordhöhe, zusätzliche Sicherheitskosten und unpaarige Auslastung der Flüge bei wachsendem Wettbewerb setzen die Luftfrachtanbieter unter Druck.
- Die fortschreitende Globalisierung wird auch in Zukunft für einen hohen Bedarf von Luftfrachtkapazitäten sorgen.

Beitrag

Im Zeitalter von Globalisierung und weltweiter Arbeitsteilung gewinnt der schnelle und verlässliche Transport von Gütern immer mehr an Bedeutung. Zweistellige Zuwachsraten der Luftfrachttransporte sind Folge dieser Entwicklung.

Luftfracht legt zweistellig zu

Global Sourcing und Produktionsverlagerung in Billiglohnländer gehen einher mit der Notwendigkeit von vermehrtem Gütertransport zwischen den einzelnen Gliedern der Lieferkette, die oft eine halbe Weltreise voneinander entfernt liegen. Rasant steigende Frachtmengen sowohl in der See- als auch der Luftfracht legen eindrucksvoll Zeugnis davon ab.

Kurze Produktlebenszyklen und minimierte Lagerbestände bedeuten oft, dass Produkte auf dem schnellsten Wege - also per Flugzeug - zu ihrer Bestimmung gebracht werden müssen. Für zuverlässige, schnelle und pünktliche Lieferung steht die Luftfracht. (4)

So wurden fast 2,8 Millionen Tonnen Luftfracht in

2004 von den neunzehn internationalen Flughäfen in Deutschland abgewickelt, ein Plus von 14,2 Prozent im Vergleich zu 2003. Auch für das laufende Jahr werden weiter steigende Mengen prognostiziert. (1)

Der größte Teil der Luftfracht wird dabei an den interkontinentalen Luftverkehrsknoten gesammelt und konsolidiert. Von dieser Praxis, die Güter per LKW zu den Knotenpunkten zu bringen, profitieren vor allem der Frankfurter, Kölner und Münchner Flughafen, die aufgrund Ihrer Langstreckenverbindungen zu Zielen rund um den Erdball für die Frachtabwicklung die attraktivsten deutschen Flughäfen sind. (1)

Allein 1,75 Millionen Tonnen - eine Steigerung von 13, 2 Prozent zum Vorjahr - wurden 2004 über den Flughafen Frankfurt abgewickelt, der die Konsolidierungszentren der führenden Luftfrachtspediteure auf dem Gelände bzw. in der Nähe hat. Am Rhein-Main-Flughafen beträgt der Anteil der Luftfracht am gesamten Flugverkehr schon 53 Prozent. München profitierte von den guten Asien- und Nordamerika-Verbindungen und konnte so das Frachtaufkommen um 21,5 Prozent auf 170 000 Tonnen steigern. Etwas anders liegt die Situation in Köln/Bonn, mit 613 000 Tonnen die Nummer zwei in Deutschland. Hier ist der Grund für die enormen Frachtmengen in der Tatsache zu finden, dass die

Expressdienste UPS und DHL in Köln/Bonn ihre Operationszentralen stationiert haben. (1), (2), (3), (5)

Die besten Zukunftsprognosen werden dem Flughafen Leipzig/Halle zugeschrieben, der ab 2008 die Europazentrale von DHL beherbergen wird. Vierzig Frachtflugzeuge sollen dann zur Abfertigung der Post-Expressfracht in Leipzig/Halle stationiert werden. Auch Nürnberg winken günstige Zukunftsprognosen aufgrund seiner speziellen (Flug-)Verbindungen nach China. (1)

...und kämpft mit Kostenbelastungen und steigendem Wettbewerb

Die Treibstoffpreise haben sich in Rekordhöhe eingependelt und in einigen Fällen sind die Kerosinzuschläge schon höher, als die eigentlich berechneten Frachtraten. Dazu kommt vor allem auf den Asien-Strecken das Problem der Unpaarigkeit der Verkehre - die Frachtmengen, die aus Asien kommen sind wesentlich höher als die nach Asien verschickten. Selbst die enormen Preisunterschiede zwischen Transporten von und nach Asien ändern wenig an dieser Tatsache. (5), (6), (7), (8), (18)

Nicht unwesentliche Kosten verursacht auch das seit Januar 2005 gültige Luftsicherheitsgesetz der EU, das neben der lückenlosen Prozessdokumentation auch spezielle Infrastruktursicherheitsmaßnahmen sowie weitergehende Untersuchungen des zu befördernden Frachtgutes vorschreibt. (5), (9), (10), (11)

Höhere Preise aber lassen sich nicht so leicht durchsetzen, da in letzter Zeit vermehrt Billiganbieter zum Beispiel aus Russland auf den Markt drängen. Selbst die bisher auf den Passagierflug spezialisierten Charter- und Urlaubsbilligflieger öffnen sich für die Luftfracht. Totzdem werden für das laufende Jahr, zumindest auf manchen Strecken, steigende Frachtpreise erwartet. (7), (12), (13), (16)

Die diversen Luftfrachtanbieter versuchen dem steigenden Kosten- und Wettbewerbsdruck durch Kostensenkungsprogramme sowie durch Allianzen und Kooperationen zu begegnen. Auch Prozessverbesserungen und die Überprüfung von unrentablen Strecken werden angegangen. (11), (14), (15), (16), (17)

Fallbeispiele

Lufthansa Cargo ist der zweitgrößte Luftfrachtcarrier der Welt, der 2004 über 1,75 Millionen Tonnen Fracht transportierte. Dies brachte der LH Cargo einen Umsatz von 2,47 Milliarden Euro sowie einen operativen Gewinn von 33,5 Millionen Euro. Zur Erhaltung der Wettbewerbsfähigkeit ist im Rahmen eines Kostensenkungsprogramms der Abbau von 480 Arbeitsplätzen vorgesehen. Auch Preiserhöhungen in unterschiedlicher Höhe je nach Flugstrecke werden angestrebt. (15), (16), (18)

Mit einem Marktanteil von 6,5 Prozent ist die Posttochter DHL Danzas Air & Ocean der weltweit größte Luftfrachtanbieter. 2,2 Millionen Tonnen - ein Zuwachs von 24 Prozent zu 2003 - wurden rund um die Welt per Flugzeug befördert und ausgeliefert. Vor allem in Fernost ist DHL Danzas Air & Ocean gut aufgestellt. (19), (20)

Schenker befördert rund 200 000 Tonnen Luftfracht pro Jahr. Neben der kompetenten Luftfrachtabwicklung bietet Schenker als umfassender Service-Dienstleister zusätzlich umfangreiche Kontraktlogistikangebote. (4)

Weiterführende Literatur

(1) Groß gewinnt, Klein verliert
aus Logistik inside, Heft 06/2005, S. 50-51

(2) Fraport AG Höhenflug bei der Luftfracht
aus FM Fracht + Materialfluß, Heft 2, 2005, S. 6

(3) O. V., Fracht am Airport München hat 2004 kräftig zugelegt, DVZ Deutsche VerkehrsZeitung, Nr. 021, 19.02.2005
aus FM Fracht + Materialfluß, Heft 2, 2005, S. 6

(4) Schenker mit integrierten Logistikdienstleistungen entlang der Wertschöpfungskette Luftfracht: Service für globale Märkte
aus FM Fracht + Materialfluß, Heft 4, 2005, S. 60

(5) Kohagen, Jens, Größer, schneller, sicherer - das sind die Herausforderungen, DVZ Deutsche VerkehrsZeitung, Nr. 50, 28.04.2005
aus FM Fracht + Materialfluß, Heft 4, 2005, S. 60

(6) Preis ist nicht gleich Preis
aus VerkehrsRundschauRundschau, Heft 21/2005, S. 34-36

(7) Eine Boom-Branche unter Druck Weltweit wachsende Kapazitäten und teurer Treibstoff
aus Neue Zürcher Zeitung, 07.02.2005, Nr. 31, S. 7

(8) O. V., Spediteure fühlen sich von Airlines als Bank

missbraucht, DVZ Deutsche VerkehrsZeitung, Nr. 054, 07.05.2005
aus Neue Zürcher Zeitung, 07.02.2005, Nr. 31, S. 7

(9) O. V., Airlines fordern Mitsprache, DVZ Deutsche VerkehrsZeitung, Nr. 038, 31.03.2005
aus Neue Zürcher Zeitung, 07.02.2005, Nr. 31, S. 7

(10) O. V., Luftfracht will Subventionen für Sicherheit, DVZ Deutsche VerkehrsZeitung, Nr. 066, 04.06.2005
aus Neue Zürcher Zeitung, 07.02.2005, Nr. 31, S. 7

(11) Jansen, Jean-Peter, Vernetzen, vernetzen, vernetzen, DVZ Deutsche VerkehrsZeitung, Nr. 264, 31.05.2005
aus Neue Z&uuml;rcher Zeitung, 07.02.2005, Nr. 31, S. 7

(12) Siegmund, Heiner, Air Berlin öffnet ihre Flugzeugbäuche für Fracht, DVZ Deutsche VerkehrsZeitung, Nr. 060, 21.05.2005
aus Neue Z&amp;uuml;rcher Zeitung, 07.02.2005, Nr. 31, S. 7

(13) O. V., Hochdruck im Luft- und Seeverkehr, DVZ Deutsche VerkehrsZeitung, Nr. 068, 09.06.2005
aus Neue Z&amp;amp;uuml;rcher Zeitung, 07.02.2005, Nr. 31, S. 7

(14) Schöfer, Jonas, Luftfracht sucht Partner, DVZ

Deutsche VerkehrsZeitung, Nr. 264, 31.05.2005
aus Neue Z&amp;amp;uuml;rcher Zeitung, 07.02.2005, Nr. 31, S. 7

(15) Treibstoffkosten belasten LH Cargo
aus Frankfurter Allgemeine Zeitung, 07.04.2005, Nr. 80, S. 14

(16) Lufthansa will die Frachtpreise erhöhen Erster Aufschlag seit zwei Jahren - Aktie tendiert schwächer - Höhere Auslastung im Januar
aus Börsen-Zeitung, 10.02.2005, Nummer 28, Seite 12

(17) O. V., Lufthansa Cargo kehrt zu Flugbuchungen zurück, DVZ Deutsche Verkehrszeitung, Nr. 038, 31.03.2005
aus Börsen-Zeitung, 10.02.2005, Nummer 28, Seite 12

(18) LH Cargo steigert sich
aus Logistik inside, Heft 05/2005, S. 20

(19) O. V., DHL Danzas Air & Ocean hat große Pläne, DVZ Deutsche VerkehrsZeitung, Nr. 067, 07.06.2005
aus Logistik inside, Heft 05/2005, S. 20

(20) Die Post-Logistik wächst kräftig
aus Frankfurter Allgemeine Zeitung, 22.06.2005, Nr. 142, S. 17

Impressum

Luftfracht - Im Aufwärtstrend

Bibliografische Information der deutschen Nationalbibliothek

Die Deutsche Nationalbibliothek verzeichnet diese Publikation in der deutschen Nationalbibliografie; detaillierte bibliografische Daten sind im Internet über http://dnb.d-nb.de abrufbar.

ISBN: 978-3-7379-1048-4

© 2015 GBI-Genios Deutsche Wirtschaftsdatenbank GmbH, Freischützstraße 96, 81927 München, www.genios.de

Alle Rechte vorbehalten. Dieses Werk ist einschließlich aller seiner Teile – z.B. Texte, Tabellen und Grafiken - urheberrechtlich geschützt. Jede Verwertung außerhalb der Grenzen des Urheberrechtsgesetzes bedarf der vorherigen Zustimmung des Verlags. Dies gilt insbesondere auch für auszugsweise Nachdrucke, fotomechanische Vervielfältigungen (Fotokopie/Mikroskopie), Übersetzungen, Auswertungen durch Datenbanken oder ähnliche Einrichtungen und die Einspeicherung und Verarbeitung in elektronischen Systemen.